Un nuevo vecindario

por Viktor Haizea
ilustrado por David Opie

Scott Foresman
is an imprint of

PEARSON

Glenview, Illinois • Boston, Massachusetts • Chandler, Arizona
Upper Saddle River, New Jersey

Illustrations   CVR, 3, 4, 6-8, 10, 12, 14 David Opie

Photographs
Every effort has been made to secure permission and provide appropriate credit for photographic material. The publisher deeply regrets any omission and pledges to correct errors called to its attention in subsequent editions.

Unless otherwise acknowledged, all photographs are the property of Pearson Education, Inc.

Photo locators denoted as follows: Top (T), Center (C), Bottom (B), Left (L), Right (R), Background (Bkgd)

13 (BC), **16** (BC) ©Roger Ressmeyer/Corbis

ISBN 13: 978-0-328-53513-2
ISBN 10:   0-328-53513-3

Copyright © by Pearson Education, Inc., or its affiliates. All rights reserved. Printed in the United States of America. This publication is protected by copyright, and permission should be obtained from the publisher prior to any prohibited reproduction, storage in a retrieval system, or transmission in any form or by any means, electronic, mechanical, photocopying, recording, or likewise. For information regarding permissions, write to Pearson Curriculum Rights & Permissions, One Lake Street, Upper Saddle River, New Jersey 07458.

Pearson® is a trademark, in the U.S. and/or other countries, of Pearson plc or its affiliates.

Scott Foresman® is a trademark, in the U.S. and/or other countries, of Pearson Education, Inc., or its affiliates.

2 3 4 5 6 7 8 9 10 V0N4 13 12 11 10

Daniela miró desde la ventana de su habitación y suspiró.

En la casa de enfrente, algunos niños del vecindario jugaban futbol en un patio grande y verde.

Daniela no conocía a los niños. No conocía nada del nuevo vecindario. Suspiró hondo de nuevo. Poco a poco, perdía la esperanza de volver a la gran ciudad.

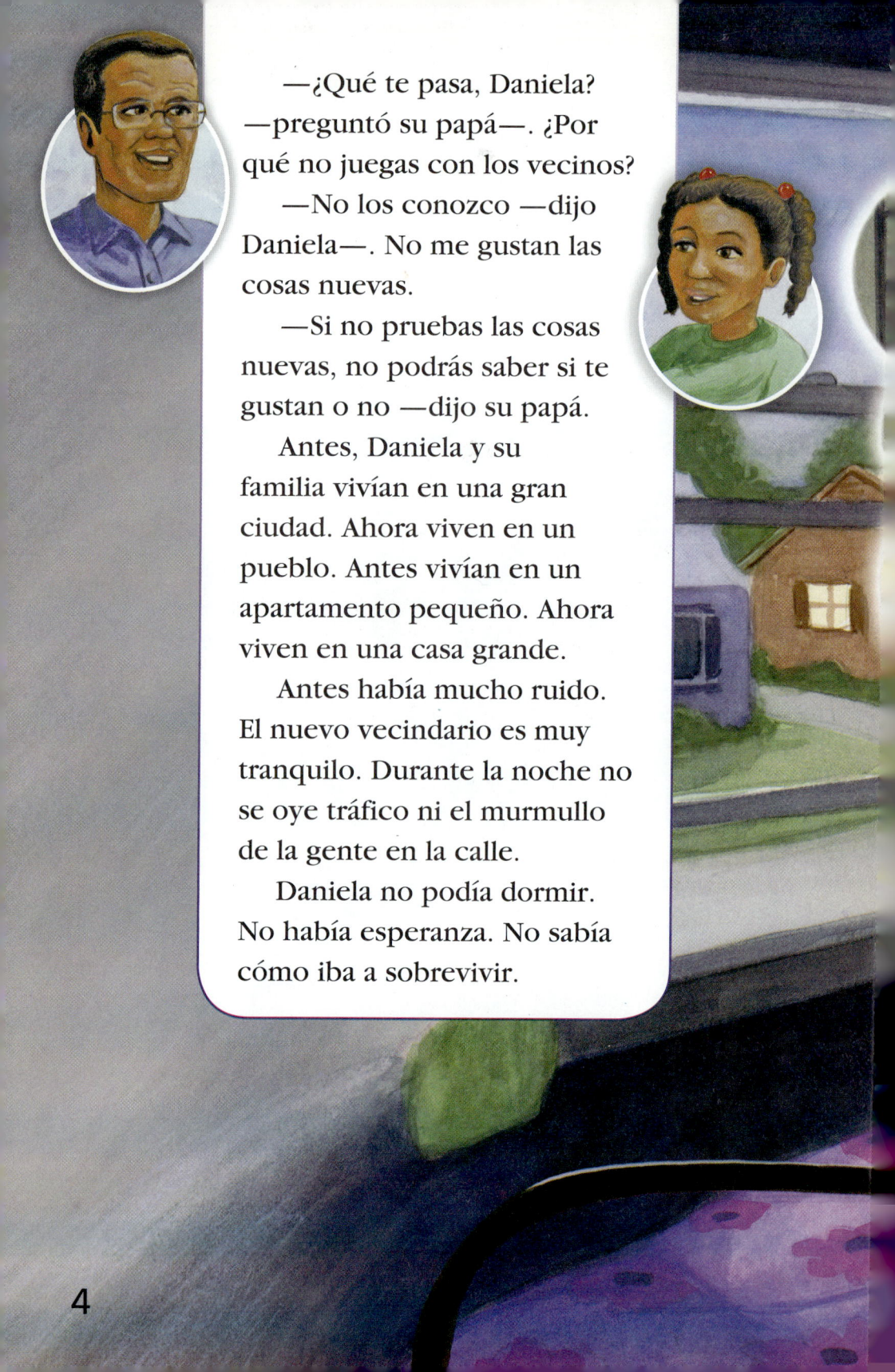

—¿Qué te pasa, Daniela? —preguntó su papá—. ¿Por qué no juegas con los vecinos?

—No los conozco —dijo Daniela—. No me gustan las cosas nuevas.

—Si no pruebas las cosas nuevas, no podrás saber si te gustan o no —dijo su papá.

Antes, Daniela y su familia vivían en una gran ciudad. Ahora viven en un pueblo. Antes vivían en un apartamento pequeño. Ahora viven en una casa grande.

Antes había mucho ruido. El nuevo vecindario es muy tranquilo. Durante la noche no se oye tráfico ni el murmullo de la gente en la calle.

Daniela no podía dormir. No había esperanza. No sabía cómo iba a sobrevivir.

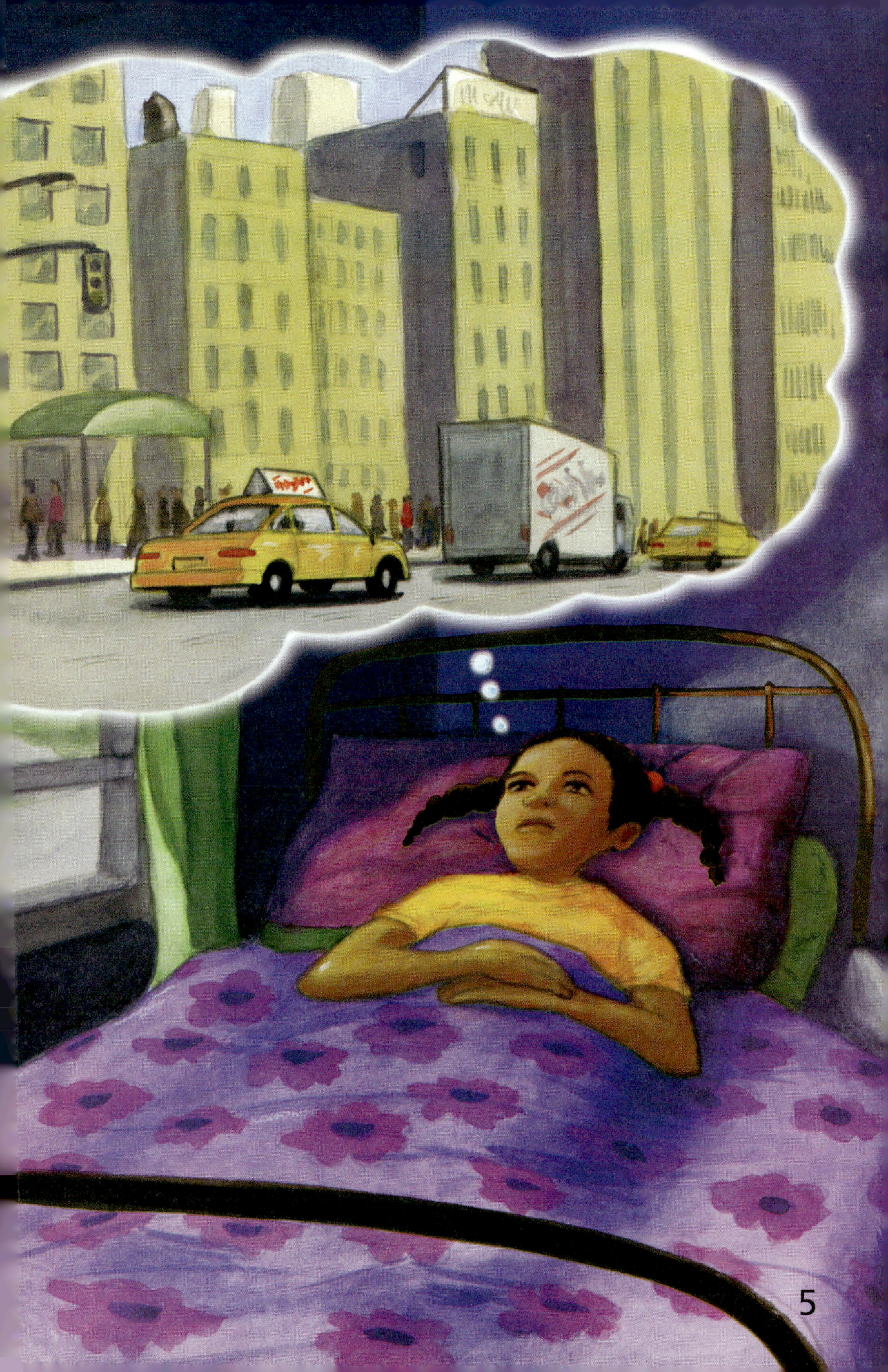

A la tarde siguiente, alguien tocó a la puerta. Cuando Daniela abrió, vio a una niña que tenía su misma edad. Era la niña que vivía en la casa de enfrente.

—Hola, me llamo Patricia —dijo la niña.

—Yo soy Daniela. Soy nueva.

Patricia sonrió. —Ya lo sé. ¿Quieres venir a conocer mi casa?

En la cocina de la casa de su nueva amiga, la mamá de Patricia les sirvió bebidas.

—¿Qué es esto? —preguntó Daniela. Su vaso tenía un líquido color ocre.

—Es limonada con miel —dijo Patricia.

Daniela recordó lo que le había dicho su papá y probó la bebida. Era dulce y refrescante. Algo nuevo y bueno.

Las niñas salieron al patio. Daniela descubrió un palo de madera y unos objetos de metal.

—¿Qué son esas cosas? —preguntó.

—Son herraduras —dijo Patricia.

—¿Tienes un caballo? —preguntó Daniela.

Patricia se rió. —No, usamos cada herradura para jugar. Tienes que lanzarlas, para que queden lo más cerca posible del palo. Si logras encajar una alrededor del palo obtienes más puntos.

A Daniela le pareció un juego muy interesante. Algo nuevo y bueno. Le encantó. Las niñas se divirtieron tanto que no se dieron cuenta que estaba por anochecer. Entonces la mamá de Patricia las llamó para cenar. Daniela tenía mucha sed y bebió más refrescante limonada.

Después de comer, ambas fueron a la habitación de Patricia. Daniela miró hacia afuera.

—Ésa es mi casa —dijo.

—Sí —dijo Patricia—. Podemos saludarnos desde nuestras ventanas.

11

Patricia tenía muchas cosas en su habitación. Incluso un joyero muy parecido al de Daniela. De repente Daniela vio un objeto largo. Tenía forma de tubo.

—¿Qué es esto? —preguntó.

—Es un telescopio —dijo Patricia.

—¿Para qué se usa? —preguntó Daniela.

Patricia apuntó el telescopio hacia la ventana.

—Mira por este lado —dijo.

Daniela observó por el telescopio. La luna y las estrellas se veían enormes y brillantes. El telescopio era algo nuevo y bueno.

—Yo quiero un telescopio como el tuyo —dijo Daniela.

—Le puedes pedir a tu papá que te lleve al mercado de pulgas —dijo Patricia.

—¿Qué es eso? —preguntó Daniela.

—Es un lugar grande con una carpa tras otra, donde las personas venden sus cosas. Hay remates. Ahí se consigue de todo a buen precio, incluso telescopios.

Esa noche Daniela se acostó contenta. Pensó en las cosas que había descubierto. Su papá tenía razón.

Poco a poco el sueño la fue envolviendo y se quedó dormida.

15

Estrellas y constelaciones

En una noche despejada se pueden ver miles de estrellas en el cielo. Unas brillan más que otras. Antes las personas usaban las estrellas como ayuda para viajar o navegar durante la noche.

Los pueblos antiguos pensaban que algunos grupos de estrellas formaban dibujos, o constelaciones. La osa mayor, el cazador Orión y el águila son algunas de ellas.

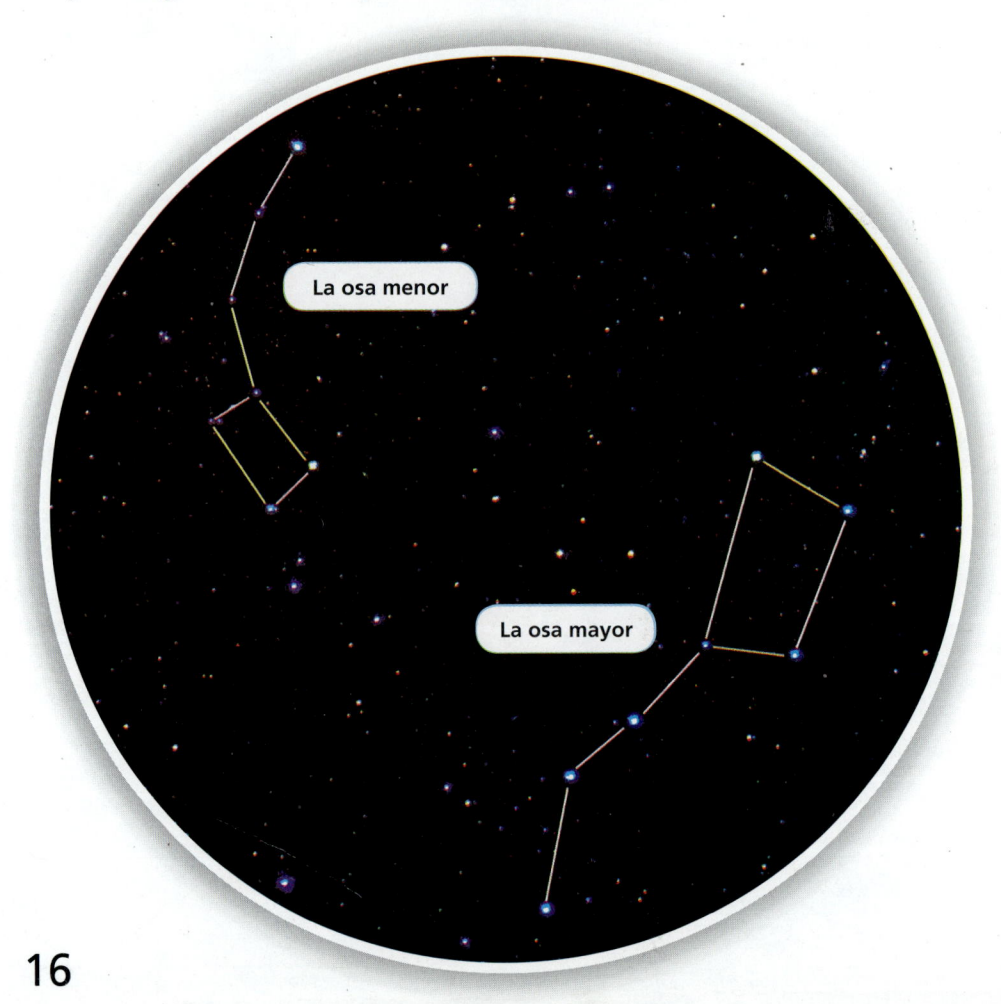

La osa menor

La osa mayor